Reise durch

MAINZ

Bilder und Texte von
Dietmar Scherf

Stürtz

Leder Chic
Leder Chic
Leder Chic
Leder Chic
Leder Chic
Dom Cafe

SALAMANDER

Erste Seite:
Entspannen am „Strand“ von Kastel, das heute zu Wiesbaden gehört, mit herrlichem Blick auf das Mainzer Stadtpanorama auf der anderen Rheinseite.

Vorherige Seite:
Das sandsteinrote „Domgebirge“ in seiner ganzen majestätischen Größe. Neben der Gasse zum Haupteingang des Doms befindet sich im Haus links das Domcafé, auf dem Marktplatz die Heunensäule.

Unten:
Blumige Begrüßung am Stadteingang an der Salvatorstraße: Dort werden an einem Hang des Stadtparks Blumen in Form und in den Farben des Stadtwappens angepflanzt.

Seite 10/11:
Mehr als 200 Figuren aus Fastnacht und Mythologie zieren den Fastnachtsbrunnen auf dem Schillerplatz.

Inhalt

SØR
SØR
SØR

Mainz – „golden“ und „goldisch“

Bei der Johannisnacht, einem der zwei großen Volksfeste der Stadt, geht es rund: ein illuminierter Wellenflieger abends am Rhein.

Moguntia Aurea, das „Goldene Mainz“ wirkt besonders schön an warmen Sommertagen im Abendsonnenschein. Dann brausen Motorboote den Rhein hinunter und ziehen Ruderer lautlos ihre Bahnen übers glitzernde Wasser. Am Ufer kurven Radfahrer um Flaneure, liegen Sonnenanbeter am künstlichen Sandstrand unter Palmen und sitzen die Mainzer in Trauben auf den Wiesen am Winterhafen, picknicken, chillen und grillen.

Je tiefer die Sonne sinkt, desto mehr werden die Prunkbauten des Stadtpanoramas vom warmen Licht umstrahlt: die barocken Palais der Landesregierung, das Kurfürstliche Schloss und der über 1000 Jahre alte Dom St. Martin und St. Stephan. Diese dreischiffige Pfeilerbasilika mit zwei Chören und sechs Türmen ist ein romanisches Meisterwerk und ein steinernes Symbol für die einstige auch weltliche Macht der Mainzer Erzbischöfe. Auf der Spitze seines Westturms leuchtet der „Domsgickel“, der Wetterhahn, golden über die Dächer der Stadt und die Pferdefigur über der Pforte des Landesmuseums in der ehemaligen Golden-Ross-Kaserne glänzt ebenso in ihrem Gold.

Im Mittelalter entstand die ruhmreiche Bezeichnung „Moguntia Aurea“, was beispielsweise ein Stadtsiegel aus Wachs aus dem 12. Jahrhundert mit folgendem, original in Latein verfassten Schriftzug belegt: „Goldenes Mainz, besondere Tochter der römischen Kirche.“ Ein Titel, in Anlehnung an das „goldene Rom“, mit einem Stolz formuliert, der aus der glorreichen Stadtgeschichte resultierte. Bonifatius hatte im 8. Jahrhundert von Mainz aus große Teile Deutschlands missioniert und zum größten Erzbistum nördlich der Alpen verbunden. Seit Erzbischof Willigis (um 940–1011) war zudem

das Amt des Mainzer Erzbischofs mit dem des Erzkanzlers des Heiligen römischen Reiches Deutscher Nation verbunden und seine Stimme entscheidend bei den deutschen Königswahlen. Duftend gibt es das „Goldene Mainz" oder in Mundart „goldisch Meenz" außerdem als Rosensorte mit gelber Blüte.
Heute rückt die im Mittelalter so bedeutende Metropole vor allem in den Fokus der Republik, wenn das Team des „1. Fußball- und Sportvereins Mainz 05" spielt. Zudem bestaunen die Fernsehzuschauer alljährlich am Rosenmontag das Treiben hunderttausender kostümierter Fastnachter in Mainz, die „Helau" rufend, schunkelnd und trinkend die Straßen in ein einziges Tollhaus verwandeln. Eine politische Bedeutung blieb Mainz als Landeshauptstadt von Rheinland-Pfalz. Die Stadt im Westen des Rhein-Main-Gebiets ist mit über 213 000 Einwohnern gleichzeitig ein wichtiger Medien-, Universitäts- und Wirtschaftsstandort.

Gott Mogon

Rote und weiße Blumen bilden vom Frühling bis in den Herbst hinein das Stadtwappen im Großformat auf einem Hang des Stadtparks an der Einmündung der Salvatorstraße in die Weisenauer Straße. Das Wappen ist ein rotes, unten rundes Schild mit zwei sechsspeichigen weißen (silbernen) Rädern. Die Räder sind durch ein Kreuz verbunden, das obere steht über dem unteren schräg nach links versetzt. Erzbischof Willigis soll dieses Zeichen eingeführt haben, er war angeblich Sohn eines Wagners. Nach einer anderen These bezieht sich das Wappenrad auf das Sonnenrad des keltischen Gottes Mogon. Eine frühe, nahe gelegene keltische Siedlung trug dessen Namen.
Die genaue Position von Mainz auf dem Globus wird zwischen dem Gutenberg-Denkmal und dem Staatstheater mittels zweier in den Boden eingelassener metallener Linien dargestellt. Sie markieren den Verlauf des 50. Breitengrads, der mitten durch Mainz verläuft. Strategisch bedeutsamer war allerdings stets die Lage an der Mündung des Mains in den Rhein. Auf einer Anhöhe gegenüber diesem rechtsrheinischen Zusammenfluss ließ der römische Feldherr Nero Claudius Drusus, einer der Stiefsöhne des Kaisers Augustus, im Jahr 13 v. Chr. ein Legionslager errichten. Diese Tat gilt als Gründung der Stadt Mainz. Das Lager und die danach im Umfeld entstehende Stadt erhielten den Namen Mogontiacum, ebenso nach dem Gott Mogon und der gleichnamigen keltischen Siedlung benannt.
Die Römer schufen eine neun Kilometer lange Wasserleitung von der Gemarkung des heute eingemeindeten Ortes Finthen bis zum Legions-

lager. Mainz entwickelte sich zur Hauptstadt der Provinz Obergermanien. Dem Heerführer Drusus errichteten die Soldaten nach seinem Tod ein Ehrenmal, den teilweise erhaltenen, 20 Meter hohen Drususstein auf dem Gelände der Zitadelle. Die Zitadelle, eine alte Festungsanlage, befindet sich auf dem Jakobsberg, oberhalb des Bahnhofs „Römisches Theater".

OPEN OHR Festival

Rockgitarren, Elektromusik und Klänge aus fernen Ländern schallen jedes Jahr an Pfingsten beim Drusussteín durch das parkähnliche Gelände an die Mauern der Zitadelle. Dann treffen sich Jugendliche, Erwachsene und Familien beim OPEN OHR Festival, diskutieren, meditieren, tanzen, feiern bis spät in die Nacht. Zwei umliegende Grünanlagen werden zu Zeltplätzen umfunktioniert. In den 1970er- bis 1990er-Jahren stammte das Publikum überwiegend aus der alternativen Szene.
Erzbischof Bardo gründete im 11. Jahrhundert auf dem Hügel ein dem heiligen Jakobus geweihtes Benediktinerkloster, daher der Name Jakobsberg. Bauherren der Großfestung waren die Kurfürsten Johann Philipp von Schönborn und Lothar Franz von Schönborn im 17. Jahrhundert. Die Anlage im Stil des Barock weist einen regelmäßigen Grundriss auf, die Bastionen an den Ecken heißen Drusus, Tacitus, Germanicus und Alarm. Auf dem Giebel über dem Haupteingang zur Stadt hin wacht die Figur des Heiligen Jakobus. Unterirdische Gänge und ehemalige Luftschutzkeller auf dem Areal können besichtigt werden.
Wer erstmals mit der Bahn aus Richtung Mannheim, Darmstadt oder Frankfurt nach Mainz kommt, schaut verwundert und fasziniert aus dem Zugfenster in Fahrtrichtung links, wenn er die mächtigen, hellen, im Halbrund angeordneten Steine am südlichen Eingang zur Innenstadt erblickt. Auf den Schildern des direkt angrenzenden Bahnhofs wird auch gleich das Rätsel gelöst, um welches Bauwerk, beziehungsweise um welche Ruine, es sich handelt – die Station heißt „Römisches Theater".
Zehntausend Menschen soll die 116 Meter breite Anlage aus dem frühen 1. Jahrhundert n. Chr. Platz geboten haben. Vermutlich wurden hier vor allem Gedenkfeiern nach dem Tod des Feldherrn Drusus abgehalten. Der Verfall begann bereits im 4. Jahrhundert, als die Römer Steine des Theaters für den Umbau der Stadtmauer verwendeten. Beim Bau der Zitadelle im 17. Jahrhundert wurde die Ruine zugeschüttet. Erhalten und ausgegraben sind nun überwiegend Fundamente, dicht und hoch genug, dass man sich gut vorstellen kann, wie die kolossale Arena einmal aussah.

Postkartenidylle mit Fachwerk, Barockbrunnen und Marienfigur am Kirschgarten in der Altstadt.

Antike Rheinschifffahrt

Im 4. Jahrhundert verwüsteten Alemannen die Stadt. Weitere Stämme, darunter die Vandalen, griffen an und zerstörten viel, bis schließlich im 5. Jahrhundert die Römerherrschaft endete. Wie es in der Antike auf dem Rhein zuging, veranschaulicht unweit des Römischen Theaters das Museum für Antike Schifffahrt in einer ehemaligen Lokhalle in der Neutorstraße. Kern der Ausstellung sind römische Schiffswracks, die 1981/82 bei Tiefbauarbeiten zur Erweiterung eines Hotels am Rheinufer entdeckt wurden. Diese Boote patrouillierten in der Endphase des Römischen Reiches auf dem Fluss, um Angriffe abzuwehren. Nachbauten zeigen, wie die Wracks unzerstört ausgesehen hätten. Zahlreiche andere antike Schiffsmodelle sind ebenfalls zu sehen.

Richtung Rhein erhebt sich an der Rheinstraße der sechsgeschossige Holzturm aus Stein, einer von drei noch bestehenden Türmen der einst mit 34 Türmen gegliederten mittelalterlichen Stadtbefestigung. Das zweite Turmrelikt, der Eisenturm, blieb gegenüber dem Rathaus weiter nördlich an der Rheinstraße erhalten und der Dritte im Bunde, der runde Alexanderturm, kann auf der Anhöhe Kästrich bewundert werden.

Friedlich wirkt die Altstadt am Sonntagmorgen, wenn die Gassen zwischen den Fachwerkhäusern noch leer sind, die Wirte ihre Weinlokale lüften und zu dem Geläut der vielen kleinen Kirchen die mächtigen tief gestimmten Glocken des Doms erklingen. Am südlichen Eingang der Augustinerstraße beginnt die Fußgängerzone. Als bildeten sie eine fein gegliederte Wand, reihen sich die historischen Häuser dicht an dicht auf beiden Seiten der Augustinerstraße aneinander und die Augustinerkirche reiht sich auf der rechten Seite bescheiden ein, gemäß den Worten aus der Offenbarung des Johannes: „Seht, das Zelt Gottes unter den Menschen! Er wird in ihrer Mitte wohnen."

Mainzer und Besucher schlendern in der Altstadt von kleinen Geschäften zu Boutiquen, stöbern in Souvenirshops und Antiquitätenläden nach Fundstücken, lehnen sich auf den Stühlen der Cafés, Weinstuben und Restaurants zurück und schauen den vorbeilaufenden Menschen nach. Kaum vorstellbar, dass die enge Augustinerstraße bis ins 17. Jahrhundert die Hauptgeschäftsstraße der gesamten Stadt

Frühlingserwachen am Rhein mit Blick auf die Südbrücke, die die Eisenbahn über den Fluss bringt. Der Getränkestand vor dem Hyatt-Hotel ist geöffnet.

war und dass bis in die 1990er-Jahre der Rosenmontagszug mit seinen großen Prunk- und Motivwagen durch diese schmale Gasse zog, durch ein Gedränge jubelnder Menschen. Sicherheitsbedenken führten 1995 zur Vorgabe einer neuen Route über den Marktplatz. Seit 1838 gab es 35 verschiedene Zugwege für den Rosenmontagsumzug, aber keine andere Änderung war so gravierend wie das Aus für die Augustinerstraßendurchfahrt.

Rot und Blau

Wer sich in den abzweigenden Gassen verirrt, von denen manche noch enger als die Augustinerstraße sind, kann mithilfe der Farben der Straßenschilder immerhin die grobe Richtung erfahren: Richtung Rhein führen Straßen mit roten Schildern, solche mit blauen verlaufen hingegen parallel zum Strom.

Imposant überragt der Dom mit seinem Westturm die Häuser am Platz Leichhof am nördlichen Ende der Augustinerstraße. Unmittelbar links vom Dom steht der „alte Dom“, die Basilika St. Johannis, die älteste Kirche von Mainz und erste Bischofskirche, bis der benachbarte „neue“ Dom genutzt werden konnte. Sie ist heute evangelisch. Teile der Mauern stammen aus merowingischer Zeit (7. Jahrhundert). Bei Grabungen wurden aber noch ältere Bauelemente, vermutlich aus dem 5. Jahrhundert freigelegt, zudem eine Fußbodenheizung aus dem 7. oder 8. Jahrhundert, als unter anderem Bonifatius, der „Apostel der Deutschen“, dort wirkte.

Über das Höfchen gelangt man zum Marktplatz, zum Haupteingang des Doms und Richtung Rhein zum Gutenberg-Museum. Im Sommer plätschert ein Brunnen auf dem Höfchen. Der Name erklärt schon die Geschichte dieses Platzes, eines ursprünglich mit Mauern eingefassten Hofs der Mainzer Erzbischöfe. Im Hintergrund der Haltestelle am Höfchen ziehen zwei hohe Gebäude die Blicke auf sich – die Alte Universität (Domus Universitatis) mit ihren zwei markanten Dachreitern (Türmchen auf dem Dach) und die gotische Hallenkirche St. Quintin von 1330 mit ihrem orangenen Anstrich und einem hölzernen Turmhelm. Das mächtige Renaissance-Gebäude der Universität aus dem frühen 17. Jahrhundert beherbergte anfangs die Philosophische und Theologische Fakultät sowie ein Jesuitengymnasium.

Mittlerweile befinden sich fast alle Gebäude der 1477 gegründeten Johannes Gutenberg-Universität (JGU) auf einem Campus auf einem Hügel unweit des Hauptbahnhofs. Mit etwa 31 500 Studierenden zählt diese Bildungseinrichtung zu den großen Universitäten Deutschlands. Mehr als 260 Studiengänge werden angeboten und sie fühlt sich „...dem Geist ihres Namensgebers auch heute verpflichtet. Innovative Ideen zu fördern und umzusetzen, Wissen zu nutzen, um die Lebensbedingungen der Menschen zu verbessern; ...“. Schon Catharina Elisabeth Goethe, die Mutter von Johann Wolfgang von Goethe, sah in Mainz einen idealen Ort, sich zu bilden, bemerkte sie doch: „Wenn mein Sohn von Frankfurt nach Mainz reist, so bringt er mehr Kenntnis heim als andere aus Amerika.“

In den Semesterferien leert sich Mainz merklich, weil viele Studierende in ihre Heimatorte oder in den Urlaub fahren. Zur Vorlesungszeit schwärmen sie vor allem an den Wochenenden abends aus in die Kneipen und Diskotheken. In manchen Nächten wird selbst der Keller unter den Vorlesungssälen des „Muschel“-Gebäudes auf dem Campus zur Partyzone. Mit günstigen Mietpreisen lockte über lange Zeit die Neustadt die Studenten an, wobei einige Zimmer dort sehr bescheiden ausgestattet sind, eine Waschmaschine im Haus fehlt oder die Dusche in der Küche stationiert ist. Dagegen sind die Wege zu angesagten Cafés und Clubs kurz und sommers lässt es sich auf den vielen Plätzen und entlang der verkehrsberuhigten Straßen gut entspannen. An heißen Tagen bildet sich eine lange Schlange vor dem legendären Laden „N'Eis“, wo die Leute geduldig auf eine Portion selbst gemachten Eises warten. Sortenvielfalt ist garantiert: Chai-Latte, Holunderblüte und American Cheesecake sind unter vielen anderen zu haben.

Aus allen Richtungen weithin sichtbar, beherrscht die Christuskirche inmitten eines Grünstreifens auf der breiten Kaiserstraße die Szenerie am Rand der Neustadt. Dieser Sakralbau der Protestanten war als repräsentatives Gegengewicht zum Dom gedacht, mit seiner mächtigen Kuppel erinnert er allerdings an die Peterskirche in Rom. Stadtbaumeister Eduard Kreyßig entwarf die Pläne, 1903 fand die Einweihung des im Stil der italienischen Hochrenaissance gestalteten Gotteshauses statt.

Eines der ungewöhnlichsten Bauwerke von Mainz befindet sich in der Neustadt an der Kreuzung von Hindenburg- und Josefsstraße: die 2010 eingeweihte, Neue Synagoge. Sie mutet futuristisch an und soll Symbol eines neuen, lebendigen Judentums sein, wobei ihre Form die Buchstaben eines hebräischen Wortes eines

„Ewe kimmt de Zug“ („eben kommt der Zug“), heißt es am Rosenmontag und dann brechen alle Dämme, die Narren stellen die Stadt auf den Kopf, mit „Helau“ und „Humba, Humba, Täterä“.

Segensspruchs nachbildet, „Kedushah“ für „Heiligung“. Grün glasierte Keramikelemente bedecken die Fassade. Säulen des Vorgängerbaus auf dem Vorplatz erinnern mahnend an die Pogromnacht vom 9. auf den 10. November 1938, als die alte Synagoge geplündert und in Brand gesetzt wurde.

Johannisnacht

Den Namen Gutenbergs trägt neben der Universität auch der zentrale Platz in Mainz, auf dem überdies das Denkmal für den berühmten Sohn der Stadt steht. Rund um das Denkmal und in der gesamten City feiern die Mainzer und ihre Gäste wiederum Gutenberg zu Ehren und in seinem (Vor-)Namen die Johannisnacht – nach der Fastnacht das zweite große Fest. Dabei schieben sich jedes Jahr im Juni über vier Tage und Nächte Menschenmassen zwischen Bier-, Wein- und Imbissständen, Popcornwagen und Schießbuden durch die Straßen, lauschen vor Bühnen allen möglichen Bands, schlendern über den Künstlermarkt am Rheinufer, stöbern in den Raritäten des Büchermarkts auf dem Ballplatz oder drehen ein paar Runden in rasanten Karussells.

Immer wieder Ende August verwandelt sich dann der Mainzer Stadtpark an zwei Wochenenden in eine Oase für Weinfreunde: in den Mainzer Weinmarkt. Unter den Bäumen werden zahlreiche Weinstände aufgebaut, die Besucher sitzen an langen Tischen oder auf den großen Wiesen, dazu steigt vor der romantischen Kulisse des Rosengartens ein Sektfest. Im September und Oktober stehen schließlich mehrere Federweißer-Buden in der Innenstadt, an denen die Menschen beim Einkaufen, in der Mittagspause oder nach der Arbeit einen Stopp einlegen, den süßen neuen Wein und Zwiebelkuchen probieren.

Viel dreht sich in Mainz um den Rebensaft. Die Stadt ist Mitglied des internationalen Netzwerks Great Wine Capitals und Zentrum von Rheinhessen, der linksrheinischen Region um Mainz, im großen „Rheinknie“ zwischen Worms, Bingen und Alzey gelegen. Rheinhessen war Teil des Großherzogtums Hessen und bekam zu dieser Zeit seine noch heute gültige Bezeichnung. Hügel und Reben, so weit das Auge reicht – so sieht diese Gegend aus, die mit circa 26 600 Hektar das größte Weinanbaugebiet Deutschlands bildet und vor allem mit Riesling-Reben bestockt wird, gefolgt von den Sorten Müller-Thurgau und Dornfelder.

Den Schillerplatz, westlich der Ludwigsstraße, umgeben mehrere Höfe, ehemalige Adelspalais, wie der Osteiner Hof und der Bassenheimer Hof. Hauptattraktion ist hier allerdings der Fastnachtsbrunnen. Wo der Platz schmal Richtung Norden zuläuft, erinnert ein klassizistisches überlebensgroßes Standbild aus Bronze an den Dichter Friedrich Schiller. Die Enthüllung des Denkmals fand 1862 im Rahmen von dreitägigen Feierlichkeiten statt. Auf seiner Flucht aus Württemberg machte Schiller in Mainz Station und bemühte sich später (ergebnislos) um eine Stelle in der Stadt.
Das Sträßchen rechts neben dem Osteiner Hof führt den Stefansberg hinauf. Dort liegt links die Kirche St. Stephan. In ihrem 66 Meter hohen Turm wohnte bis 1911 ein Türmer, der Brandwache über die Stadt hielt. Der untere Teil des Turms stammt vom Vorgängerbau, einer Basilika von 990, an deren Stelle zwischen 1290 und 1355 die neue gotische Kirche entstand. Nach ihrer Beschädigung 1857 durch die Explosion eines nahen Pulverturms, wurde die barocke Ausstattung entfernt, so dass sie heute innen ziemlich schlicht wirkt, bis man in dem Ostchor auf ein wundervolles und sehr bedeutendes Kunstwerk blickt: Marc Chagall (1887–1985) schuf zwischen 1978 und 1985 sechs Glasfenster für diesen Chor und drei für das anschließende Querhaus. Sie zeigen Szenen aus dem Alten und Neuen Testament und leuchten mystisch in einem grandiosen intensiven Blau.

Mainzelbahn

Entlang des Schillerplatzes verkehren die Mainzer Straßenbahnen. Es ist die einzige Stelle, wo sie die City tangieren, östlich Richtung Rhein ist nichts von dem einst ausgedehnten Schienennetz übrig geblieben. Der Trambetrieb stand 1994 ganz vor dem Aus, bis die damals in Mainz sehr aktive Umweltschutzorganisation Robin Wood auf Plakatwänden Unterschriften für den Erhalt der Straßenbahn sammelte und auch der prominente ehemalige Oberbürgermeister Jockel Fuchs unterschrieb. Mittlerweile hat sich das Blatt gewendet und die Stadt ihre Liebe zu den Schienenfahrzeugen entdeckt. 2016 fuhr die erste „Mainzelbahn" auf einer neuen, 9,2 Kilometer langen Trasse hinterm Hauptbahnhof auf den Campus der Universität hinauf, am neuen Stadion des 1. FSV Mainz 05 vorbei bis zum Stadtteil Lerchenberg.
Die Bezeichnung „Mainzelbahn" bezieht sich auf die lustigen Mainzelmännchen, jene Zeichentrickfiguren, die im Zweiten Deutschen Fernsehen (ZDF) in den Pausen zwischen Werbespots für Unterhaltung sorgen. Das ZDF hat seit der Gründung 1961 seinen Sitz in Mainz und bezog 1974 das neue Sendezentrum auf dem

Auch zur kalten Jahreszeit schön: Mainzer Winterwunderland zwischen Dom und Fischtorplatz in der Mainzer Altstadt.

Lerchenberg. Einzigartig: Ein Mainzelmännchen, der schlaue Det, ist am Neubrunnenplatz, am Fischtorplatz und an Fußgängerüberwegen auf dem Lerchenberg als Ampelmännchen im Einsatz, zeigt den Passanten am Lichtzeichen im oberen Feld als rote Figur und im unteren Feld in Grün, wann sie stehen und gehen sollen.
Der Zollhafen, ein ehemaliges Hafengelände, das zu einem neuen Wohn- und Büroquartier umgestaltet wird, ist seit 2017 gleichfalls mit neuen Gleisen an das wieder wachsende Straßenbahnnetz angebunden. Überdies gibt es große Zukunftspläne für eine Neubautrasse über den Rhein, durch Amöneburg und Kastel nach Wiesbaden. Dabei herrscht zwischen der rheinland-pfälzischen und der hessischen Landeshauptstadt seit langem eine klassische Städterivalität. Ein Grund dafür: die Mainzer kommen kaum darüber hinweg, dass die einst zu Mainz gehörenden Stadtteile Amöneburg, Kostheim und Kastel auf der rechten Rheinseite 1945 an Wiesbaden gingen. Fastnacht-Star Ernst Neger besang das Drama folgendermaßen: „Wenn ich mir so mei Meenz betracht, dann denk ich in mei'm Sinn: Mer hat's mit Meenz genau gemacht wie mit der Stadt Berlin. Man hat's zerstört, hat's zweigeteilt. Und trotzdem hab ich Mut, zu glaawe, des des alles heilt. Aach des werd widder gut."

Seite 22/23:
Sommerzeit am Marktplatz: Dann sitzen die Mainzer vor den schmucken Fassaden, wobei die Häuser 11 bis 15 besonders gut erhalten wirken – sie wurden nach der Zerstörung im Zweiten Weltkrieg rekonstruiert.

Seite 24/25:
Urlaubsstimmung am Rhein: Der „Mainz-Strand" macht es mit Sand am Wasser möglich.

extrablatt
Cocktail
PARTY
BURGER
PARTY

GEOX
GEOX

AMADEUS SYMPHONY
PASSAU D

Kirchen beim Kirschgarten – die Altstadt und der Süden

Stadt am Fluss: links der Kirchturm von St. Stephan, rechts daneben der weiße Holzturm, ein mittelalterlicher Stadtturm, und ganz rechts der Dom.

Voller malerischer Plätze ist die Mainzer Altstadt. Als Favorit gilt jedoch der Kirschgarten, zu dem sich die Augustinerstraße Richtung Westen öffnet. Eingerahmt von Fachwerkhäusern, vor deren Fenstern Blumenkästen hängen und geschmückt mit einem Brunnen samt Marienfigur, ist die Postkartenidylle fast perfekt. Kirschbäume sind nicht in Sicht, lediglich ein alter Baumstumpf vor dem Backhaus „Zum Beymberg" (Nr. 19), der allerdings von einer Eiche stammt. Im Mittelalter sollen jedoch die namensgebenden Bäume hier gestanden haben.

Nur ein paar Schritte sind es vom Kirschgarten zur Augustinerkirche. Man öffnet ihre Tür und blickt auf Rokoko in großer Pracht, riesige Deckengemälde und einen Baldachinthronaltar. Auf einem Gemälde ist Augustinus zu sehen, der sein brennendes Herz hält, das Symbol seiner glühenden Gottesliebe. Augustinereremiten kamen 1260 nach Mainz, errichteten ein Kloster und den Vorgängerbau der Kirche. 1768 bis 1772 wurden Kloster und Kirche neu geschaffen. Nach Schließung des Konvents im Zuge der Säkularisation bezog 1805 schließlich das Bischöfliche Priesterseminar die Gebäude.

Hohe Bäume umrahmen die Kirche St. Ignaz in der Kapuzinerstraße, südlich der Augustinerstraße. Ihre dreigeschossige Fassade aus rotem Mainsandstein weist eine klassizistisch klare Gliederung auf. Zwischen Säulen und Pilastern überragt die Statue des Kirchenpatrons, des heiligen Ignatius von Antiochien, auf der Mittelachse das Portal. Im Innern des 1778 eingeweihten Sakralbaus prägen verspielte Elemente aus Barock und Rokoko Ausstattung und Dekoration. Seine kurfürstlichen Gnaden wollten „keine Bauernkirche in ihrer Residenz" – mit diesen Worten hatte Kurfürst Johann Friedrich Karl von Ostein erste bescheidene Baupläne verworfen und so entstand St. Ignaz in der Luxusvariante.

Weihnachten in Mainz. Zu den Figuren der Weihnachtspyramide auf dem Weihnachtsmarkt gehören Originale der Stadt, etwa ein Mainzelmännchen, ein Fußballer von Mainz 05 und ein Fastnachtsgardist.

Budenzauber beim Weihnachtsmarkt vor dem Gutenberg-Museum am Liebfrauenplatz.

Rechte Seite:
Feuer, Punsch und Glühwein wärmen im Schatten des Doms. Der dem heiligen Stephan geweihte Ostchor und das Ostquerhaus werden von drei Türmen überragt.

Feuerzauber

Seite 30/31:
Sterne, Engel und Lichtgirlanden bringen während des Weihnachtsmarktes von der Heunensäule aus dem Marktplatz festlichen Glanz.

Links:
Ein Ort der Stille und Kontemplation, der bepflanzte Innenhof des Kreuzgangs bei der Bischofskirche. Er wurde zu Beginn des 15. Jahrhunderts an der Südseite des Doms errichtet.

Oben:
Kommunionkinder warten gespannt auf den Beginn der Fronleichnam-Prozession am Dom. Das Kirchenfest am 60. Tag nach Ostern wurde bereits vor dem Jahre 1400 in Mainz mit einer Prozession gefeiert.

Im Namen des Vaters – der Dom

Wenn es finster wird und blitzt, kehrt die Dramatik der ersten Tage zurück. Damals, im Sommer 1009, stand der Dom nur kurze Zeit aufrecht und ist am Tag der Weihe „mit allen zusammenhängenden Gebäuden elend durch das Feuer verbrannt worden", wie es in den Annalen von Quedlinburg heißt. Womöglich war ein Blitzschlag die Ursache, vielleicht war es ein schlechtes Omen, vielleicht konnte es sowieso nicht gut gehen, auf sumpfigem Gelände ein solch kolossales Gotteshaus nach dem Vorbild der alten Peterskirche in Rom zu errichten. Man könnte es aber auch als gutes Zeichen verstehen, dass Menschen diese Kirche immer wieder aufgebaut und vor dem Verfall gerettet haben. Schließlich ist sie seit über 1000 Jahren die unverwechselbare Mitte von Mainz, trotz Bränden, Beschießung, Bombardierung und des Missbrauchs als Lazarett und Lebensmittellager.

Domgebirge

Selbst lesende und dösende Pendler schauen auf, wenn ihre S-Bahn auf die Südbrücke rumpelt, wo sich ein beeindruckendes Panorama eröffnet. Unten liegt die Mündung des Mains in den Rhein, dahinter leuchtet das sandsteinrote „Domgebirge", die Stadt und scheinbar die fernen Taunushügel überragend. Ergriffen notierte die Schriftstellerin Anna Seghers: „Dieser Dom über der Rheinebene wäre mir in all seiner Macht und Größe im Gedächtnis geblieben, wenn ich ihn auch nie wieder gesehen hätte."

Fest wie ein Fels in der Brandung steht die Bischofskirche mit ihren dicken Mauern und hohen Türmen mitten im Altstadtgewühl, seit Jahrhunderten fast unverändert von einem Häuserblock umbaut. Der Weg zum Hauptportal führt über den Marktplatz hinweg, vorbei an Kohlrabi und Kartoffeln, zu einer schattigen Häuserlücke beim Domcafé und schließlich durch einen schmalen Gang zu einer tausend Jahre alten bronzenen Tür.

Innen dauert es einen Moment, bis man sich ans Dämmerlicht gewöhnt hat und die Proportionen ermessen kann: das große Langhaus, die riesigen Pfeiler und die kühn über die Schluchten dazwischen gespannten Rundbögen. Kerzen flackern, Münzen klacken im Opferstock. Im Kern ist der Dom eine „romanische Doppelchoranlage". Der Begriff Romanik entstammt der Mittelaltersehnsucht im 19. Jahrhundert und wurde erstmals 1818 vom französischen Kunsthistoriker Charles de Gerville in Anlehnung an die Sprachwissenschaft verwendet. Gemeint ist die Epoche abendländischer Kunst, die etwa 1000 bis 1200 n. Chr. vorherrschte und Elemente antiker Vorbilder aufgriff. Allerdings ist der Mainzer Dom nicht pur romanisch, alle späteren Epochen haben mitgebaut und umgestaltet. Beispielsweise wurde der nach einem Blitzschlag zerstörte Westturm im Barock wieder errichtet, nach Plänen von Franz Ignaz Michael Neumann, einem Sohn von Balthasar Neumann. Bis heute wird permanent an dem prunkvollen Sakralbau restauriert, der Dom sei eine „ewige Baustelle", meinte Bischof Karl Kardinal Lehmann, der 2016 nach 32 Jahren an der Spitze des Bistums Mainz in den Ruhestand ging.

Doppeltes Jubiläum

Das Jahr der Weihe (1009) war 2009 Anlass für das Jubiläum „1000 Jahre Mainzer Dom" – das 1975 schon einmal gefeiert wurde, und jedes Mal gab es eine Sonderbriefmarke dazu. 1975 bejubelte das Bistum die Grundsteinlegung, die mangels detaillierter Quellen kurzerhand auf den Amtsbeginn des Bauherrn Willigis datiert wurde. „Heute ist es nicht mehr so sicher", sagte Bischof Karl Kardinal Lehmann, „dass Erzbischof Willigis sofort nach Dienstantritt den Bau des Doms begonnen hat." Also wurde 2009 sicherheitshalber noch einmal gefeiert.

Vor der nördlichen Querhausfassade steht die doppelgeschossige Gotthard-Kapelle, erbaut wie auch das Langhaus aus Muschelkalkstein. Sie diente als erzbischöfliche Privatkapelle. Nach Süden hin schließt sich ein doppelstöckiger gotischer Kreuzgang aus dem frühen 15. Jahrhundert an die Haupthalle an und leitet zum Bischöflichen Dom- und Diözesanmuseum, das sakrale Kunstwerke von der Karolingerzeit bis zum 20. Jahrhundert präsentiert. Im Domschatz in der spätgotischen Nikolaus-Kapelle sind herausragende Goldschmiedekunstwerke zu sehen, etwa barocke Strahlenmonstranzen, deren Pracht ihre Funktion visuell verdeutlicht: eine geweihte Hostie zur Verehrung feierlich, offenbarend einzurahmen.

Links: *„Schöne Mainzerin", wird die spätgotische Madonna des Marienaltars im Mainzer Dom genannt. Sie wird flankiert von den Heiligen Martin und Bonifatius.*

Oben: *Die Bischofskirche im Morgenlicht – fest wie ein Fels in der Brandung steht sie mit ihren dicken Mauern und hohen Türmen in der Altstadt.*

Rechts oben:
Der gotische Kreuzgang, der auch als Begräbnisstätte diente, wurde von Mathernus Gerthener Anfang des 15. Jahrhunderts gestaltet.

Rechts Mitte:
Sakrale Kunst im Dom- und Diözesanmuseum, hinten die Kreuzigungsgruppe aus der Werkstatt von Hans Backoffen, gestiftet 1519.

Rechts:
Das Mittelschiff des Doms besteht aus Muschelkalkstein, sein Kreuzrippengewölbe hat eine Scheitelhöhe von 29 Metern.

Linke Seite:
Die Nagelsäule auf dem Liebfrauenplatz wurde mit Hilfe einer Spendenaktion während des Ersten Weltkriegs geschaffen. Die Spender durften Nägel in die Säule schlagen, das Geld ging an soziale Einrichtungen.

Links:
Die Basilika St. Johannis gilt als älteste Kirche von Mainz und wurde im Jahr 910 geweiht. Ihr architektonisches Erbe reicht weit zurück.

Links:
Alt und neu ganz dicht beisammen: Die Einkaufspassage in moderner Architektur wurde direkt an die Rückseite der Markthäuser gebaut.

Ganz links:
Moderne Statue von Bischof Wilhelm Emmanuel von Ketteler (1811–1877) auf dem Bischofsplatz, im Hintergrund das erhaltene Gartenportal des ehemaligen bischöflichen Palais.

Oben: *Dienstags, freitags und samstags steht der Marktbrunnen nicht so frei, dann herrscht buntes Markttreiben auf dem Platz. Der Renaissance-Brunnen wurde 1526 von Kurfürst Albrecht von Brandenburg gestiftet.*

Rechts: *Im Herbst gibt's an den Marktständen roten und weißen Federweißen (junger Wein).*

Ganz rechts, oben: *Da weiß man wirklich, wo die Ware herkommt. Der Eiermann bringt sein Federvieh gleich mit zum Verkaufsstand.*

Ganz rechts, unten: *Obst und Mode am Mainzer Markt. Er liegt nördlich des Doms und ist der größte von vier das Gotteshaus umgebenden Plätzen.*

Oben:
Sommerlichen Wasserspaß bietet der Brunnen am Höfchen (Platz nordwestlich des Doms), hinten der Marktplatz.

Ganz links:
Früher bildete eine Fahne die Spitze, seit 1889 krönt eine Madonnenfigur den Renaissance-Marktbrunnen.

Links:
Den Leichhof ziert seit 1980 ein Brunnen mit hohem Becken und Figuren aus der Stadtgeschichte. Der Platz südlich des Doms war einst Domfriedhof.

GEOX

TRIBVS MAGIS SACRVM

Seite 40/41:
Die Markthäuser und die Heunensäule erstrahlen im Sonnenschein. Seit den 1980er-Jahren bildet die Rundstütze aus Sandstein, die ursprünglich im 11. Jahrhundert für den Wiederaufbau des abgebrannten Willigisdoms angefertigt wurde, den Mittelpunkt des Marktes.

Mädchenbrunnen vor der Mädchenschule (Maria-Ward-Schule) auf dem Ballplatz. 1978 wurde der von Josef Magnus geschaffene Brunnen aufgestellt.

Stöbern im Freiluft-Antiquariat. Beim Büchermarkt auf dem Ballplatz anlässlich der Johannisnacht sind einige Raritäten und Schnäppchen dabei.

Linke Seite:
Pause im Grünen: Garten und Kapelle der Maria-Ward-Schule, einer Privatschule, bekannt auch unter der Bezeichnung „Schule der Englischen Fräulein". Gegründet 1752, befindet sie sich seit 1846 in den Gebäuden des ehemaligen Alten Dalberger und Fechenbacher Hofs am Ballplatz.

Rechts:
Wohnen hinterm Rosenstock: Die niedrigen Altstadthäuser in der Kapuzinerstraße verbreiten eine heimelige Atmosphäre.

Rechts:
Mainz gilt bis heute als katholische Stadt und im alten Teil ist die Religion mit zahlreichen Skulpturen allgegenwärtig, wie hier in der Domstraße.

Ganz rechts:
Kleine und große religiöse Figuren zieren die Altstadt von Mainz: Jesus am Kreuz an einem Wohnhaus in der Kapuzinerstraße.

Nicht nur auf so bekannte Brunnen wie den Marktbrunnen oder den Fastnachtsbrunnen stößt man bei einem Bummel durch Mainz: kleiner Brunnen am Rand der Domstraße.

Oben:
In der Jakobsbergstraße verlocken links die Weinstube Bacchus und rechts das Weinhaus Michel dazu, einen Schoppen-Stopp einzulegen.

Rechts:
Speisen im historischen Ambiente: Heute befindet sich in Deutschlands ältestem Bürgerspital das Restaurant Heiliggeist.

Oben:
Das Restaurant zum Goldstein in der Kartäuserstraße ist auch wegen seines Biergartens mit einer stolzen hohen Kastanie beliebt.

Links:
Oder man genießt seinen Gerstensaft auf der Mole beim Winterhafen am Victor-Hugo-Ufer.

Seite 48/49:
Wer die Augustinerstraße einmal ganz für sich haben will, muss sonntags früh aufstehen. Hinter der barocken Sandsteinfassade der Augustinerkirche verbirgt sich die Rokokopracht des Inneren.

Passion
Druckerei
Linde

Augustinergässchen
blumen
denzer
240 L

HONORI
SANCTÆ
MARIÆ
DE
CONSOLA
34

Linke Seite:
Neben der Augustinerkirche residiert das Bischöfliche Priesterseminar hinter diesem barock geschwungenen Portal mit seiner beeindruckenden Figurengruppe.

Blick aus der Augustinerstraße auf das markante Fachwerkhaus, Leichhofstraße 1. Bis ins 17. Jahrhundert war die Augustinerstraße die Hauptgeschäftsstraße der gesamten Stadt.

Rokoko in großer Pracht: Das Innere der Augustinerkirche beeindruckt mit seiner Ausstattung.

Seite 52/53:
Fachwerk im Schnee: Der Kirschgarten im Winter. Das Haus „Zum Aschaffenberg" gilt als das älteste noch in Teilen erhaltene Fachwerkhaus in Mainz.

Optik Niederhöfer
kleine Dinge,
groß gesehen
Chagall-Fenster
St.Stephan
Weihergarten
Zum
Aschaffenberg
erbaut um 1450
Brillen
Brillen

DON

WASSER-SPENDER: BRUNNEN

An der Mündung des Mains in den Rhein scheint Wasser reichlich vorhanden zu sein. Ein Eindruck, den die vielen Brunnen der Stadt verstärken. Sie sind kunstvoll gestaltet mit hübschen Figuren, speien Wasser aus Fisch- oder Löwenmäulern, lassen es über einen bronzenen Till Eulenspiegel plätschern oder über Regenschirme tropfen.
Am auffälligsten ist der Fastnachtsbrunnen auf dem Schillerplatz. Im Sommer sitzen die Menschen am Rand seines runden Brunnenbeckens, essen Eis und kühlen sich an dem spritzenden Wasser, das über ein knapp neun Meter hohes bronzenes turmartiges Gestell in der Beckenmitte hinunterprasselt. An dem Gestell wurden mehr als 200 kleine Figuren aus Fastnacht und Mythologie befestigt, Narren, Gaukler, Vater Rhein, eine Katze und ein Eselsreiter. Zum Fuß hin verjüngt sich das Gestell im Umfang, das heißt der „Narrenturm“ steht sozusagen auf der Spitze, als Symbol, dass die fünfte Jahreszeit alles auf den Kopf stellt. Die feierliche Enthüllung des Brunnens fand 1967 statt. Die Entwürfe schufen der Münchner Bildhauer Blasius Spreng und der Mainzer Architekt Helmut Gräf.
Was Farbenpracht und Ausschmückung angeht, ist der im Stil der Renaissance gebaute Marktbrunnen der Schönste weit und breit. Als ihn der Mainzer Erzbischof, Kardinal Albrecht von Brandenburg, im Jahr 1526 den Bürgern spendierte, war das wirklich eine Wohltat, denn die Wasserversorgung hatte sich zuvor, beispielsweise im Vergleich zur Römerzeit verschlechtert. Viele Wasserentnahmestellen waren verschmutzt und es gab nur wenige öffentliche Brunnen, über deren Wasserqualität Brunnenmeister wachten. Ornamente, Inschriften, Wappen und Putten verzieren den sechs Meter hohen Dreistützenbrunnen aus rotem Sandstein. Zwei Stufen führen hinauf zum Trog, dort zog man das Wasser im Eimer nach oben. Anstelle der Madonnenfigur von 1889 auf der Spitze seines Baldachins, krönte zuvor eine Fahne den Brunnen.

Obelisk und Flussgötter

Für sauberes Wasser ließ Kurfürst Lothar Franz von Schönborn die erste Wasserleitung der Stadt seit römischer Zeit vom Vorort Bretzenheim zum 1726 eingeweihten Neuen Brunnen bauen. Der barocke Neue Brunnen steht an der Großen Bleiche und im Zentrum des Neubrunnenplatzes, den heute Zweckbauten der Nachkriegszeit einrahmen. Ein zwölf Meter hoher Obelisk ragt himmelwärts aus dem barocken Brunnenbecken. Aus Muschelkalk gefertigte Flussgötter, die Rhein und Main symbolisieren, und 1828 hinzugefügte sphinxartige Löwenfiguren beleben das Erscheinungsbild der Anlage. Wasserstrahlen schießen aus Fischmäulern in der Gaustraße und auf dem Fischtorplatz. An der Westseite des Osteiner Hofs am unteren Ende der Gaustraße hält die weibliche Figur des Nixenbrunnens zwei Fische in den erhobenen Händen und lässt die Tiere das Nass über sie ergießen. Der Fischtorbrunnen besteht aus einem Becken mit zwei eingebauten Steinkugeln, auf denen je ein sprudelnder Fisch „emporspringt“.

Määnzer Mädcher

Eine Perle unter den 60 Brunnen der Stadt ist der Mädchenbrunnen von 1978, entworfen vom Salzburger Bildhauer Josef Magnus. Auf dem Ballplatz, wo sich oft die Schülerinnen der angrenzenden Maria-Ward-Schule aufhalten, stehen nun auf einem kleinen Podest zusätzlich drei „Määnzer Mädcher“, zierliche Figuren, jede ein auch bei Sonnenschein aufgespanntes Regenschirmmodell in der Hand haltend. Über die Regenschirme fließt das Wasser. In manchen Jahren floss es allerdings erst, wenn sich ein Spender fand.
In ihrer finanziellen Not hatte nämlich die Stadt 2011 beschlossen, nur noch den Betrieb der wichtigsten Brunnen mit Haushaltsgeldern zu finanzieren. Bürger, die auch die kleinen Brunnen spätestens im Hochsommer nicht trocken sehen mochten, hatten die Möglichkeit, für die Speisung der Anlagen extra zu zahlen. Für jedes Objekt konnte gezielt gespendet werden. Ein „Brunnenbarometer“ gab Auskunft, wie viel Geld schon zusammengekommen war und wie viel noch fehlte, damit wieder alle Brünnlein in Mainz fröhlich sprudeln konnten. In der Saison 2018 hat die Stadt diese Praxis gemildert und versichert, dass selbst ohne genügend Obolusse kein Brunnen trocken bleiben werde.

Links: *Wasserbögen entsteigen den Fischmäulern des Nixenbrunnens in der Gaustraße.*

Oben: *Farbenprächtig und reich geschmückt ist der Marktbrunnen im Stil der Renaissance.*

Rechts oben:
Nur die Spitze von über 200 spritzigen Narrenfiguren – der Fastnachtsbrunnen im Detail.

Rechts Mitte:
Mit Regenschirm, selbst wenn die Sonne scheint – die Mädchen des Brunnens auf dem Ballplatz.

Rechts:
Beim Fischtorbrunnen kommt das Wasser selbstverständlich ebenfalls aus einem Fischmaul.

Altstadt
Zitadelle
20
30

Links:
Der hohe achteckige Turm der Kirche St. Stephan überragt die umliegenden Häuser und das Gautor, das einst zu dem Festungsring der Stadt gehörte und in dessen Giebelfeld der Heilige Martin dargestellt ist. Rechts vorbei an dem alten Stadteingang fährt die Straßenbahn die schmale steile Gaustraße hinunter in die Innenstadt, links vom Gautor kommt sie herauf auf dem Weg nach Hechtsheim.

Unten:
Ebenfalls den Heiligen Martin stellt das Reiterstandbild oben auf der Kupferbergterrasse vor den vier markanten Arkaden der Wohnanlage auf dem Kästrich über der Stadt dar.

Oben:
Die Kupferbergterrasse von unten, von der Emmerich-Josef-Straße gesehen. Dieser Straßenzug im Osten des Kästrichs entstand erst kurz vor der Mitte des 19. Jahrhunderts. Hier gab es einst viele Weinkeller, da der Kästrich ein innerstädtischer Weinberg war.

Links:
Die Produktion alkoholischer Getränke hat in der Fußball- und Fastnachtshochburg Mainz Tradition. Bier wird im „Eisgrub-Bräu“ hergestellt, der ersten Mainzer Gasthausbrauerei.

Unten:
1850 gründete Christian Adalbert Kupferberg seine bekannte Sektkellerei als „Fabrication moussierender Weine“ auf der heutigen Kupferbergterrasse.

Ganz unten:
Unter dem Stammhaus der Sektkellerei Kupferberg auf der Kupferbergterrasse wurden die Sektkeller in sieben unterirdischen Etagen angelegt.

WWW.BABBOE.COM
BABBOE

Linke Seite:
Die Pfarrkirche St. Ignaz in der Kapuzinerstraße stammt mit ihren klassizistisch klar gegliederten Formen aus der 2. Hälfte des 18. Jahrhunderts.

Direkt am Bahnhof Römisches Theater (früher Südbahnhof) ragen die Relikte des namensgebenden antiken Schauplatzes aus dem Untergrund empor. Darüber steht die kurz nach dem Zweiten Weltkrieg errichtete Lutherkirche.

Nachbauten von Booten der Römischen Flotte und in Mainz gefundene Schiffswracks werden im Museum für Antike Schifffahrt präsentiert.

Unten:
Der Kommandantenbau der Mainzer Zitadelle, einer ehemaligen kurfürstlichen Großfestung, auf dem Jakobsberg. Die Anlage entstand in ihrer heutigen Form um das Jahr 1660.

Seite 64/65:
Mainzer Lebensart: den Tag am Rhein genießen und die Schiffe auf dem Wasser vorbeiziehen lassen.

Rechts oben:
Das „87er Denkmal“ steht unweit des nordwestlichen Eingangs zur Zitadelle und erinnert an das temporär in der Festung stationierte 1. Nassauische Infanterieregiment Nummer 87.

Rechts Mitte:
Das parkähnliche Gelände innerhalb der Festungsmauern ist auch ein beliebtes Ausflugsziel und ein Café versüßt das Dasein.

Rechts unten:
Mal Liegewiese, an Pfingsten Rockarena – die Natur am römischen Drususstein.

STOLT TANKERS
ARTEGA

Grillevent auf dem Bootssteg des Mainzer Ruder-Vereins, im Hintergrund die Eisenbahn-Südbrücke über den Rhein.

Links:
Bootsparkplätze direkt vor der Haustür des Mainzer Ruder-Vereins von 1878 am Winterhafen im Herzen der Stadt Mainz, im Hintergrund die Eisenbahn-Südbrücke.

Unten:
Noch näher ans Rheinwasser geht es kaum: das Haus am Steg unter der Trauerweide am Winterhafen.

Ganz unten:
Wohnen am Winterhafen spielt sich in der gehobenen Preisklasse ab – auch ein Scheich soll hier ein Haus besitzen und samt Gefolge ab und zu dort verweilen.

Oben:
Frühling beim Hyatt-Hotel, in der Mitte der Eingang zur Malakoff-Passage. Ihren Namen hat die Passage vom Fort Malakoff, einem Militärbau, der zur Festung Mainz gehörte.

Rechts:
Aus dem Lot: Moderne Bürohausarchitektur an der Rheinstraße 2, Ecke Dagobertstraße.

Links:
Die Römersteine im Zahlbachtal sind die Reste einer neun Kilometer langen antiken Wasserleitung. Fast 70 Pfeiler aus römischen Zement haben sich noch erhalten.

Unten:
Der Botanische Garten der Johannes Gutenberg-Universität Mainz wurde kurz nach dem Zweiten Weltkrieg angelegt und beherbergt heute circa 8500 Pflanzenarten aus den verschiedensten Gebieten der Erde.

JG|U
Herzlich willkommen an der
Johannes Gutenberg-Universität Mainz!

Links:
Mehr als 31 000 Studierende besuchen die Johannes Gutenberg-Universität, hier der Haupteingang zum Campus auf einem Hügel unweit des Hauptbahnhofs.

Unten:
Moses über den Büchern: Ein Abguss der berühmten Skulptur von Michelangelo thront auf einer Säule in der Universitätsbibliothek.

Ganz unten:
Am Forum der Johannes Gutenberg-Universität hat man dem Namensgeber ein Denkmal aufgestellt.

Oben:
Die Mainzer sind oft in Feierlaune, zu den Lieblingsorten am Abend gehört dabei ein Plätzchen am Rhein.

Rechts:
Beim Weinmarkt im Stadtpark genießt man den Schoppen unter grünen Bäumen.

Links:
Ein paar Runden auf einem von Hand bewegten historischen Karussell können nostalgische Gefühle wecken.

Rechts:
Start der Oldtimer-Rallye des Mainzer Automobil Clubs in der Innenstadt. Seit 2005 findet die Ausfahrt am letzten Samstag im August statt.

Unten:
Sportlicher Flitzer vor der ersten Steigung am unteren Ende der Gaustraße.

Oben:
Während des Mainzer Automobil Classic herrscht Nostalgie auf den Straßen – hier vor dem Fastnachtsbrunnen auf dem Schillerplatz.

Links:
Teilnehmer der Rallye bereiten sich auf dem Gelände der Zitadelle auf den Start vor.

Seite 78/79:
Zur Johannisnacht ankern viele Schiffe auf dem Rhein vor der Stadt und alle warten auf das große Feuerwerk.

Hilton
GODESBURG

„Grand Rue Napoléon“ – die Mitte und nördlich der „Lu“

Der Gutenberg-Platz mit dem Gutenberg-Denkmal an der „Lu“. Die Bronze des berühmten Buchdruckers wurde von Bertel Thorvaldsen geschaffen und 1837 aufgestellt.

Kurz „Lu“ und lang „Ludwigsstraße“ heißt der Boulevard von Mainz. Diese alleenartig bepflanzte Flaniermeile verbindet das Höfchen über den Gutenberg-Platz mit dem Schillerplatz. Bereits unter Kaiser Napoleon I. begannen 1804 die Planungen für die spätere Ludwigsstraße, damals noch unter dem Titel „Grand Rue Napoléon“. Mainz gehörte 16 Jahre lang zum französischen Département du Mont-Tonnerre (Donnersberg). Nach dem Zusammenbruch der französischen Herrschaft ging die Stadt 1816 an das Großherzogtum Hessen-Darmstadt und erst im Folgejahr fand die Eröffnung der „Neuen Straße“ statt, die später nochmals ausgebaut den Namen des hessischen Großherzogs Ludwig I. erhielt.

Schlichte Nachkriegsarchitektur, graue Klötze mit vorgesetzten Pavillons, sind zwischen den Bäumen zu sehen. Im Zweiten Weltkrieg wurde die Mainzer Innenstadt zu 80 Prozent zerstört. Nur das 1833 als „Großherzogliche Nationalbühne Mainz“ eröffnete Theater am Gutenberg-Platz setzt mit seiner Sichtbarmachung des nach außen im Halbrund geformten Auditoriums einen beeindruckenden Akzent. Fernsehzuschauer des Rosenmontagszugs kennen das Theater, denn genau davor werden die Tribünen und Übertragungskameras installiert. Gegenüber dem Theater dominiert das Gutenberg-Denkmal die Fläche. Am Höfchen herrscht Hochbetrieb. Ein Linienbus nach dem anderen rollt zur zentralen Omnibushaltestelle, Schulkinder rennen heran, Einkaufstaschen schleppende Menschen laufen in alle Richtungen.

Nördlich der Ludwigsstraße erstreckt sich das Haupteinkaufsviertel und jenseits der breiten Kaiserstraße die Neustadt. Das besonders bei Studenten beliebte Quartier mit vielen Plätzen, verkehrsberuhigten Straßen, Kneipen und Cafés wurde Ende des 19. Jahrhunderts außerhalb der Festungsmauern hochgezogen.

WMF

Im
Weißen
Rössl
Eingeladen zum
Theatertreffen 2017
Traurige
Zauberer
Staatstheater Mainz

Links:
Im Jahre 1833 wurde das heutige Staatstheater als „Großherzogliche Nationalbühne Mainz" eröffnet. Geplant wurde der Bau mit dem charakteristischen Halbrund von Georg Moller.

Unten:
Tänzerinnen der bekannten Mainzer Ballettschule Star-Ballett bei einer Aufführung auf der Bühne des Staatstheaters.

Linke Seite:
Auf dem Gutenberg-Platz markiert eine metallene Linie, die den Verlauf des 50. Breitengrads darstellt, die Position von Mainz auf dem Globus. Im Hintergrund das Gutenberg-Denkmal.

Brezeln und andere Backwaren kann man am Höfchen erstehen. Die bundesweit mit Filialen vertretene Brezelbäckerei Ditsch hat in Mainz ihre Zentrale.

Die Alte Universität mit ihren zwei markanten Dachreitern wurde 1615 bis 1618 im Stil der Renaissance vom Jesuitenorden errichtet.

Unten:
Schattenspendende Bäume schmücken die Flaniermeile „Lu“, die den Schillerplatz mit dem Höfchen verbindet.

Rechts unten:
Eingang zum Fastnachtsmuseum im Proviant-Magazin. Das Gebäude, unter anderem zur Lagerung von Getreide, entstand in den 1860er-Jahren, als Mainz Festung des Deutschen Bundes war.

Rechts oben:
Auf dem Schillerplatz stehen mehrere Fastnachtsfiguren, beispielsweise dieser Gardetrommler am Eingang zur „Lu“.

Crêpes
Inser Rezept: Dass es euch gut schmeckt!
Crêperie

Links:
Bunt bepflanzt ist der Schillerplatz mit dem Fastnachtsbrunnen und dem Osteiner Hof – eine schöne Kulisse für kulinarische Feste. Das repräsentative Gebäude mit dem vorspringenden Mittelrisalit wurde Mitte des 18. Jahrhunderts für die Familie des Kurmainzer Oberamtmanns von Ostein errichtet.

Unten:
Nach Westen hin begrenzt der schmucke Bassenheimer Hof den Schillerplatz. Den barocken Bau von 1750 entwarf Anselm Franz von Ritter zu Grünstein.

Ganz unten:
Federweißer-Zeit: Im Herbst offeriert ein Winzer auch am Schillerplatz die Jungweinspezialität.

Linke Seite:
Der Eisenturm ist einer von drei noch bestehenden Türmen der einst mit 34 Türmen gegliederten mittelalterlichen Mainzer Stadtbefestigung. Er stammt mit späteren Veränderungen aus dem 13. Jahrhundert und bekam seinen Namen von dem in der Nähe stattfindenden Eisenmarkt.

Das Rathaus aus den 1970er-Jahren nach Plänen des berühmten dänischen Architekten Arne Jacobsen ist für manche ein „Mahnmal für Geschmacklosigkeit", für andere „ein Meisterwerk der Nachkriegsmoderne".

Radeln unter Platanen am Rheinufer zwischen Theodor-Heuss-Brücke und Neustadt.

RAMON
CHORMANN
THEATER
Am Rathaus

Links:
Sportliches Highlight des Mainzer Veranstaltungskalenders ist der Gutenberg-Marathon: Hier stehen die Teilnehmer noch kurz vor dem Start auf der Rheinstraße beim Rathaus, rechts nehmen die Cheerleader ihre Position ein.

Unten:
Eine Gruppe der Langstreckenläufer passiert kurz nach dem Start den Sitz des Landtags Rheinland-Pfalz. Er residiert im barocken Deutschhaus.

Johannes Gutenberg – der „Mann des Jahrtausends“

Johannes Gutenberg ist leicht zu erkennen. Er hält seine Bibel und die Drucktypen in den Händen und thront auf dem nach ihm benannten Platz über dem Trubel der angrenzenden Einkaufsstraßen. Der dänische Bildhauer Bertel Thorvaldsen schuf das überlebensgroße Bronzestandbild. Drei Tage lang feierten die Mainzer 1837 die Einweihung des Denkmals für den berühmten Sohn der Stadt.

Meister der Schwarzen Kunst

Bejubelt wird der Meister der Schwarzen Kunst bis heute – vor allem für seine Erfindung, Bücher mit beweglichen Lettern zu drucken. Davor kopierten fleißige Mönche handschriftlich Seite für Seite oder es wurde in unseren Breiten gedruckt, indem man für jeden Text eine Form mit aufwendigen Einkerbungen in Holz herstellte, die nur zur Vervielfältigung dieser einen Vorlage verwendbar war. Gutenbergs Trick machte das Kopieren deutlich schneller und einfacher. Aus Metallen goss er Druckformen aller Buchstaben, Zahlen und Zeichen, die gemäß der Textvorlage immer wieder neu zu Zeilen und diese zu Seiten zusammengesetzt werden konnten. So sei die Verbreitung von Wissen und Information revolutioniert und die Grundlage unserer Mediengesellschaft geschaffen worden, sagen Historiker. In Amerika kürten Journalisten Gutenberg gar zum „Man of the Millennium“, zum „Mann des (zweiten) Jahrtausends“. Obwohl es ähnliche Druckverfahren mit beweglichen Lettern bereits vor Gutenbergs Zeit in China gab. Dort wurde ihre Effizienz aber angesichts tausender verschiedener Schriftzeichen gemindert.

In Mainz ist der „Mann des Jahrtausends“ omnipräsent. Neben dem Gutenberg-Platz mit dem Bronzestandbild gibt es weitere Denkmäler für ihn, beispielsweise am Forum der Universität, die ebenfalls seinen Namen trägt. Alljährlich im Mai findet das sportliche Großereignis „Gutenberg-Marathon“ statt und im Juni wird seit 1968 zu Ehren von Johannes Gutenberg die Johannisnacht gefeiert. Ein Höhepunkt dieses Volksfestes ist die seit dem 16. Jahrhundert übliche Buchdruckertaufe, das „Gautschen“. Dabei werden die Gesellen in ein großes, mit Wasser gefülltes Holzfass getunkt, was sie von den Sünden der Lehrjahre und dem Bleistaub befreien soll.

Im Jahr 1900 gründeten Mainzer Bürger das Gutenberg-Museum, heute auch „Weltmuseum der Druckkunst“ genannt. Es residiert im schmucken Renaissance-Bau „Haus zum Römischen Kaiser“ und dahinter liegenden neueren Gebäuden. In seinem Tresorraum liegen die „B 42“, so der kurze Fachjargon für die 42-zeiligen, unter Gutenberg gedruckten Bibeln. Es sind in ihrer Typographie besonders schöne und harmonische Meisterwerke. Ihre Herstellung mit einer Auflage von 180 Exemplaren datieren Wissenschaftler auf die Zeit zwischen 1452 und 1455. Aktuell ist die Existenz von noch 49 Stück bekannt, davon sind zwei im Mainzer Museum. Zahlreiche weitere herausragende Druckerzeugnisse aus über fünf Jahrhunderten werden hier präsentiert. In einer historischen Druckerwerkstatt ist zu sehen, wie das Drucken mit beweglichen Lettern in den Anfangsjahren funktionierte.

Henne Gensfleisch

Wer etwas über den Menschen Johannes Gutenberg erfahren will, wird sich immer wieder mit Vermutungen begnügen müssen. Wann genau er als Henne Gensfleisch zum Gutenberg das Licht der Welt erblickte, ist unbekannt, ein Zeitpunkt zwischen 1397 und 1406 kommt in Frage. Auch, wie er aussah … – reine Spekulation, zeitgenössische Darstellungen sind nicht auffindbar. Das Bronzestandbild von Thorvaldsen zeigt den Meister der Schwarzen Kunst wie im 19. Jahrhundert gewünscht, mit langem Mantel und langem Bart. Dabei trugen Männer vom Stande Gutenbergs, der einer Patrizierfamilie angehörte, im 15. Jahrhundert üblicherweise gar keinen Bart. Der Hof zum Gutenberg, wahrscheinlich das Geburtshaus und Ort der ersten Druckwerkstatt Gutenbergs, befand sich in der Schusterstraße, Ecke Christofsstraße 2, heute steht dort ein Ärztehaus mit Apotheke. Gutenbergs Taufkirche war vermutlich St. Christoph, die nach der Zerstörung im Zweiten Weltkrieg nun als Ruine ein Mahnmal für die Opfer des Krieges ist. Von den anderen Gebäuden, in denen das Genie gelebt und gearbeitet haben könnte, ist ebenso keins im Original erhalten geblieben. So gehört auch Ungewissheit zum „Mann des Jahrtausends“, die seine Aura allerdings nicht mindert.

Links:
Am Start des alljährlichen Gutenberg-Marathons, der den Namen des berühmten Sohns der Stadt trägt, sind mehrere Tausend Teilnehmer.

Oben:
Das Gutenberg-Museum für Buch-, Druck- und Schriftgeschichte am Liebfrauenplatz, östlich des Doms.

Rechts oben:
So wie es das Bronzestandbild gegenüber vom Theater zeigt, sah Johannes Gutenberg vermutlich nicht aus.

Rechts Mitte:
Feuerwerk zur Johannisnacht. Das Volksfest wird ebenfalls zu Ehren des Erfinders gefeiert.

Rechts:
Im Druckladen des Gutenberg-Museums kann sich jeder in der Schwarzen Kunst versuchen.

Oben:
Die Mainzer erholen sich auf der Wiese am Rhein, im Hintergrund rauscht der Verkehr über die Theodor-Heuss-Brücke.

Rechts:
Gemäß einem angesagten Trend in der Streetlife-Szene stellt die Mainzer Verkehrsgesellschaft in der Stadt mit dem Rad im Wappen einen großen Fuhrpark an Mieträdern bereit.

Seite 96/97:
Die Theodor-Heuss-Brücke von 1885 verbindet Mainz mit dem heute zu Wiesbaden gehörenden Stadtteil Kastel.

Oben:
Blick auf die Reduit in Kastel vom „Mainz-Strand" aus. Die Reduit-Kaserne war das Rückzugswerk der Bundesfestung Mainz und wurde 1830 bis 1834 errichtet.

Links:
Blick von der anderen Rheinseite aus: Die Pieter van Aemstel, früher Heringsfänger, heute Eventschiff, liegt dauerhaft am Kasteler Ufer.

Seite 100/101:
Romantischer Rhein: die Christuskirche und die Neustadt samt Riesenrad vor einem Abendhimmel voll warmer Farben.

Jägermeister
FOTOBOX

Links:
„Weck, Worscht, Woi" (Brötchen, Wurst und Wein), das Mainzer Nationalgericht, ist auch an den Johannisnacht-Buden der Renner.

Unten:
Zum Schluss des viertägigen Volksfestes gibt es ein großes Feuerwerk am Montagabend.

Ganz unten:
Festbesucher der Johannisnacht schlendern über den Künstlermarkt und ordern einen Cocktail nebenan am „Mainz-Strand".

Eis
Wellenflug
C. Nickel
Heute

Links:
Hoch über dem Wasser des Rheins fliegt man bei diesem Kettenkarussell während der Mainzer Johannisnacht.

Unten:
Trubel herrscht rund um den „Break-Dancer“ – einem von vielen Fahrbetrieben des Volksfestes.

Ganz unten:
Im gefüllten Brunnenbecken am Rheinufer spiegeln sich Besucher, Bäume und Buden zur Johannisnacht.

Seite 106/107:
Der Fluss mit Schiff, die moderne Rheingoldhalle und das Hilton-Hotel, dahinter der Dom – das Stadtpanorama von Mainz zeigt spannungsvolle architektonische Gegensätze.

Hilton
MAINZ

Oben:
Türme der Stadt: vorne links die Alte Universität und die Christuskirche, rechts der Mitte die Kirche St. Peter, weiter rechts die Kirche St. Quintin und der Dom.

Rechts:
In einem barocken Palais am Rhein hat der Landtag von Rheinland-Pfalz seinen Sitz. Die Bepflanzung im Vordergrund liegt entlang der Auffahrt zur Theodor-Heuss-Brücke.

Links:
Museumsreife Politik? Während Umbauarbeiten im Stammsitz tagt der Landtag von Rheinland-Pfalz im Landesmuseum.

Links:
Prächtiger Rokoko herrscht im Innenraum der Kirche St. Peter. Frisch wirkt die farbenfrohe Ausmalung mit Szenen aus dem Leben des Apostels Petrus, eine Wiederherstellung nach Fotovorlagen in den Jahren 1978 bis 1988, das Original wurde im Krieg zerstört.

Unten:
Zwei Zwiebeltürme prägen das Äußere der katholischen Pfarrkirche St. Peter unweit des Landtags.

Unten:
Das Landesmuseum mit einer bedeutenden kunst- und kulturgeschichtlichen Sammlung befindet sich im barocken Gebäude der einstigen „Golden-Ross-Kaserne“ an der Großen Bleiche.

Rechts oben:
Das vergoldete Pferd in der Positur der Levade gab der Kaserne ihren Namen – Detail vom Giebel über dem Haupteingang.

Rechts unten:
Ein „römischer Legionär" wacht bei der „Nacht der Museen" am Landesmuseum und verweist auf die Sammlung aus römischer Zeit.

LA SIESTA
LA SIESTA

Linke Seite:
„Rumhängen" bei der „Nacht der Museen". Die Hängematten wurden zum Ausprobieren und Entspannen im Innenhof des Kurfürstlichen Schlosses installiert.

Repräsentationsbau der Kurfürsten: das Schloss am Rheinufer. 1627 begannen die Bauarbeiten, doch erst Mitte des 18. Jahrhunderts war das sandsteinrote Bauwerk im Stil der Spätrenaissance fertig.

Konzert im Großen Saal des Schlosses, wo auch die Fernsehfastnachtssitzung „Mainz bleibt Mainz, wie es singt und lacht" stattfindet.

Links:
Die mächtige Kuppel beherrscht die Szenerie rund um die Kaiserstraße: Die Christuskirche ist aus allen Richtungen weithin sichtbar. Das evangelische Gotteshaus wurde 1903 geweiht.

Unten:
Kopie des Dativius-Victor-Bogens am Ernst-Ludwig-Platz. Das antike Original des Ehrenbogens aus dem 3. Jahrhundert befindet sich geschützt im Landesmuseum.

Rechts:
Die „Fünfte Jahreszeit“ hat begonnen, die Narren machen den Marktplatz bunt.

Unten:
Ein Markenzeichen der Mainzer Fastnacht sind die Schwellköpp, hier beim Start des Rosenmontagsumzugs in der Neustadt.

Oben:
Büros, Wohnräume und Hotelzimmer entlang der Umzugsstrecke werden am Rosenmontag zu Logenplätzen.

Links:
Zugfahrzeug eines Prunkwagens, „verkleidet“, in den Fastnachtsfarben bemalt und mit großen Konfetti-Säcken an Bord.

Fastnacht – Mainz bleibt Mainz

Narren in fantasievollen Kostümen tanzen auf den Straßen. Wildfremde Menschen fallen sich in die Arme, rufen „Helau“ und schunkeln zusammen zu Fastnachtsschlagern wie „Humba, Humba, Täterä“ oder „Gell, du hast mich gelle gern“. „Ewe kimmt de Zug“ („eben kommt der Zug“), ruft jemand auf Rheinhessisch aus der Menge und die Kinder halten ihre Tüten weit geöffnet, um Bonbons aufzufangen. Rosenmontag in Mainz, die Stadt ist im Ausnahmezustand.

Jedes Jahr jubeln weit über 500 000 Zuschauer entlang der Strecke den fast 10 000 Akteuren des Umzugs zu. Vier Stunden lang bewegt sich der närrische Lindwurm auf einer sieben Kilometer langen Strecke von der Neustadt zur Altstadt: Musikkapellen, Fahnenträger, Schwellköpp, Garden, Pferde, Kutschen, Traktoren und LKW-Zugmaschinen mit Prunk- und Persiflagewagen. Die Schwellköpp, ein Markenzeichen der Mainzer Straßenfastnacht, sind überdimensionale („geschwollene“) Pappmachéköpfe, die lustige Charaktere der Stadt satirisch überspitzt darstellen. Sie wiegen bis zu 25 Kilogramm pro Stück, heißen Schorsch, Schnutedunker oder Knollenas und die Figuren haben einen eigenen Stammbaum.

Weck, Worscht, Woi

Jeweils im Jahr zuvor beginnt die Kampagne genau am 11.11. um 11 Uhr 11, wenn vom Balkon des Osteiner Hofs am Schillerplatz ein dreifach donnerndes „Helau“ erklingt und die 11 Artikel des närrischen Grundgesetzes den Fastnachtsfans verkündet werden. Artikel 8: „Das Nationalgericht ist Weck, Worscht, Woi (Brötchen, Wurst, Wein)…, Gott Jokus ist unserer Leber gnädig.“ Am Neujahrstag ziehen die Garden durch die Innenstadt und an den folgenden Wochenenden bis zum Aschermittwoch finden Sitzungen mit Tanz, Musik und Büttenreden in den Hallen und Sälen statt. Die Altweiberfastnacht am Donnerstag vor Rosenmontag eröffnet die heiße Phase der fünften Jahreszeit. Am Fastnachtssonntag windet sich der größte der Mainzer Stadtteilumzüge durch Finthen. Am Rosenmontag verwandelt sich dann die ganze Stadt in ein farbenfrohes, berauschtes Meer. Nach dem Umzug wird die Ludwigsstraße an beiden Enden von großen „Narrentürmen“ aus mit Tanzmusik beschallt und nach 23 Uhr feiert die Menge weiter in den Kneipen.

Schon im Mittelalter galt die närrische Zahl 11 als mit Sünde verbunden, da sie die „10“ von Gottes Geboten überschritt. Schon damals wurde in den Nächten vor der Fastenzeit, die am Aschermittwoch beginnt, ausgiebig gefeiert. Die ersten Fastnachtsvereine, die einen „offiziellen“ Umzug organisierten, wirkten durchaus ordnend in dem Durcheinander wilder, maskierter Gruppen, die früher durch die Straßen zogen. In Mainz trat 1837 die Ranzengarde als erste närrische Kooperation bei einem „Krähwinkler Landsturm“ genannten bunten Umzug auf. Ein Jahr später wurde der Mainzer Carneval Verein gegründet, dessen Akteure fortan den Rosenmontagsumzug organisierten, bis auf Jahre mit kriegs- oder krisenbedingter Pause. Die überwiegend konservative Politik im 19. Jahrhundert provozierte in Mainz eine besonders politisch satirisch ausgeprägte Fastnacht, was bis heute in Büttenreden und bissigen Darstellungen auf Motivwagen gepflegt wird. Allerdings waren die Persiflagen nicht immer kritisch, manchmal im Sinne der Machthaber oder sie entstanden sogar unter deren Einfluss. 1934 fuhren Kehrmaschinen im Zug mit, „Es wird weiter gesäubert“, hieß es dazu.

Narrhallamarsch

Das Motto „Mainz bleibt Mainz“, stammt aus der Fastnachtskampagne von 1951. Das ZDF übertrug 1965 erstmals eine Fastnachtssitzung mit diesem Titel. Legendär sind die Stars der berühmt gewordenen Sendung, beispielsweise Herbert Bonewitz, Jürgen Dietz, die Mainzer Hofsänger, Margit Sponheimer mit ihrem Hit „Am Rosenmontag bin ich geboren“ und der schlagfertige Sitzungspräsident Rolf Braun. „Wolle mer'n eroilosse?“ (Wollen wir ihn – den nächsten Büttenredner – herein lassen?), fragte er das Publikum und gab das Startsignal zum Narrhallamarsch. Als Ernst Neger 1967 „Heile, heile Gänsje“ mit einer Strophe über das im Zweiten Weltkrieg zerstörte Mainz sang, weinten viele Zuschauer. Auch so kann die Mainzer Fastnacht sein.

Links:
Rosenmontag in Mainz. Am Umzug nehmen fast zehntausend Akteure teil, auch musikalische „Tiere“.

Oben:
Eine Tribüne vor dem Theater, gegenüber stehen die Übertragungskameras der Fernsehsender und dem Publikum auf der Tribüne ist eine besondere Beachtung auch seitens der Narren gewiss.

Rechts oben:
Familiengarde: Die Fastnachtsliebe wird oft von Generation zu Generation weitergegeben und beim Rosenmontagsumzug machen alle mit.

Rechts Mitte:
Die Ranzengarde trat bereits 1837 als erste närrische Kooperation bei einem „Krähwinkler Landsturm“ genannten Umzug auf.

Rechts:
„Schwellkopp“ in der Boppstraße. Die großen Pappmachéköpfe haben sogar eigene Namen.

NBACH
4

Seite 122/123:
Sonnenuntergang bei der Nordbrücke. Eine S-Bahn rumpelt von Wiesbaden nach Mainz. Die Taunushügel liegen im Schatten.

Unten:
Schon Geschichte: Der Szenetreff „Planke Nord“ am nördlichen Ende des Zollhafens hat mittlerweile dauerhaft geschlossen und wird zur Liegewiese umgebaut.

Ganz unten:
Am Zollhafen entsteht ein neues Wohnquartier, aber nördlich der Nordbrücke werden weiterhin Container angelandet und verschifft.

Rechts:
Das Alte Weinlager an der Südmole des Zollhafens wurde saniert und in Büros umgewandelt. Hier hat auch der Verband deutscher Prädikats- und Qualitätsweingüter seinen Sitz.

Unten:
Gerahmt von einem Neubau mit Durchblick am Zollhafen: ein Passagierschiff auf dem Rhein.

Rechts oben:
Die Caponniere am Feldbergplatz war nach der Stadterweiterung im 19. Jahrhundert einst ein Bollwerk zur Rheinseite hin und ist heute „Turmschänke“.

Rechts Mitte:
Ausstellungsraum: Die „Kunsthalle Mainz“ residiert in einem alten Kessel- und Maschinenhaus, das von einem modernen grünen Turm beherrscht wird.

Rechts unten:
Kult in der Neustadt, der Eisladen „N'Eis“ mit unzähligen hausgemachten Sorten wie „American Cheesecake“, „Karotte-Buttermilch-Banane“ und „Riesling“.

Mainzigartig mobil: Parkplatz für Mieträder der Mainzer Verkehrsgesellschaft am Theater.

„Echte Meenzer", echte Mainzer – so bewirbt eine Bäckerei ihre Brötchen auf einer Straßenbahn. Fünf Straßenbahnlinien bedienen fast 30 Kilometer Liniennetzlänge.

Ganz links:
Der „Gutenberg-Express“: Auch in Mainz kutschiert eine Kleinbahn, die keine Schienen braucht, Besucher durch die Stadt.

Links:
Da das ZDF im Stadtteil Lerchenberg seinen Sitz hat, sind natürlich auch die Mainzelmännchen in der City anzutreffen und grüßen von diversen Ampeln, hier am Neubrunnenplatz.

Es grünt ums Mainzer Rad in der Gaustraße. Hier verläuft auch die steilste Straßenbahnstrecke Deutschlands.

KPMG
SWR
HEVERT
ARZNEIMITTEL
Eine der schönsten Launen der Welt.

Links:
Verkehrsknotenpunkt im westlichen Rhein-Main-Gebiet: Der Mainzer Hauptbahnhof. Der historische Teil zwischen den modernen Bauten wurde 1884 eröffnet.

Unten:
Grün glasierte Keramik, futuristische Architektur: Die Neue Synagoge in der Neustadt wurde 2010 an der Stelle der alten Hauptsynagoge eingeweiht.

Ganz unten:
Willkommen in Mainz am Gleis 3 des Hauptbahnhofs, wo die Züge aus dem Süden einfahren.

Links:
Heimspiel: Inmitten von Feldern hinter der Universität steht das neue, 2011 eingeweihte Fußballstadion des FSV Mainz 05 – die heutige Opel Arena.

Unten:
Wenn die Fans zum Stadion ziehen, schallt ihr Schlachtruf übers Feld: „Wir sind nur ein Karnevalsverein“.

Register

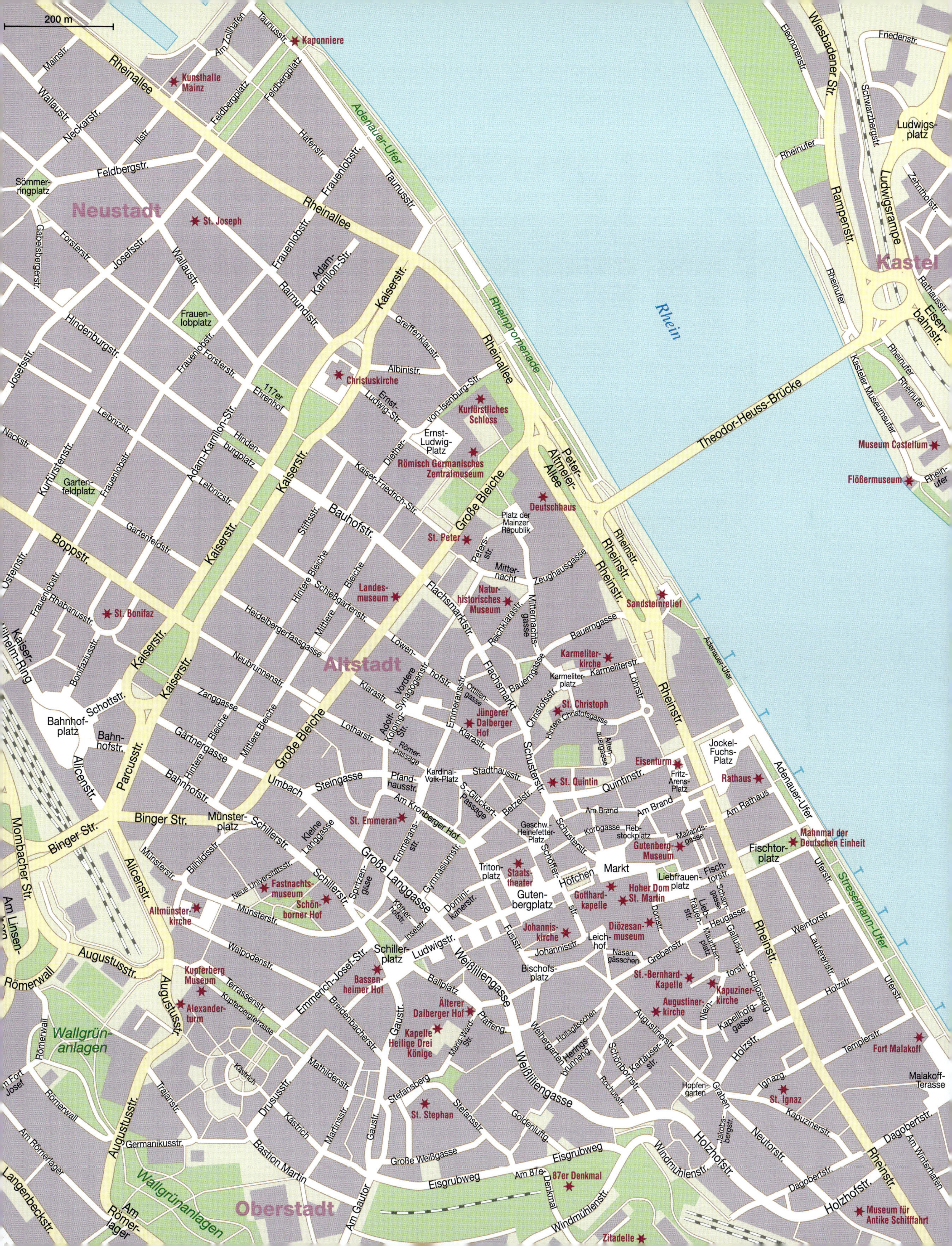

200 m
Neustadt
Altstadt
Oberstadt
Kastel
Rhein
Kaponniere
Kunsthalle Mainz
St. Joseph
Christuskirche
Kurfürstliches Schloss
Römisch Germanisches Zentralmuseum
Deutschhaus
St. Peter
Landesmuseum
Naturhistorisches Museum
St. Bonifaz
Sandsteinrelief
Karmeliterkirche
St. Christoph
Jüngerer Dalberger Hof
Eisenturm
Rathaus
St. Quintin
St. Emmeran
Mahnmal der Deutschen Einheit
Gutenberg-Museum
Hoher Dom St. Martin
Staatstheater
Gotthard-kapelle
Fastnachtsmuseum
Schönborner Hof
Altmünsterkirche
Johanniskirche
Diözesanmuseum
St.-Bernhard-Kapelle
Kapuzinerkirche
Augustinerkirche
Kupferberg Museum
Alexanderturm
Bassenheimer Hof
Älterer Dalberger Hof
Kapelle Heilige Drei Könige
St. Stephan
St. Ignaz
Fort Malakoff
87er Denkmal
Zitadelle
Museum für Antike Schiffahrt
Museum Castellum
Flößermuseum
Theodor-Heuss-Brücke
Rheinallee
Rheinstr.
Rheinpromenade
Adenauer-Ufer
Stresemann-Ufer
Große Bleiche
Kaiserstr.
Große Langgasse
Ludwigstr.
Weißliliengasse
Schillerplatz
Gutenbergplatz
Markt
Bahnhofplatz
Binger Str.
Mombacher Str.
Augustusstr.
Wallgrünanlagen
Eisgrubweg
Holzhofstr.
Ernst-Ludwig-Platz
Platz der Mainzer Republik
Fischtorplatz
Jockel-Fuchs-Platz
Münsterplatz
Frauenlobplatz
Ludwigsplatz
Wiesbadener Str.
Boppstr.
Parcusstr.
Alicenstr.
Schillerstr.
Bauhofstr.
Emmerich-Josef-Str.
Kapuzinerstr.
Dagobertstr.

Finale auf dem Weihnachtsmarkt. Die Mainzelbahn für Kinder dreht auf einem Karussell ihre Runden.

Impressum

Buchgestaltung
Matthias Kneusslin
www.hoyerdesign.de

Karte
Fischer Kartografie, Aichach

Printed in Italy
Repro: Artilitho snc, Lavis-Trento, Italien
www.artilitho.com
Druck und Verarbeitung:
Grafiche Stella srl, Verona, Italien
www.grafichestella.it

ISBN 978-3-8003-4315-7

Unser gesamtes Programm finden Sie unter:
www.verlagshaus.com